كارولين فارلو وأميليا فارلو

صندوق الرمل

قصة عن التشارك والاهتمام

الرسوم التوضيحية بواسطة فولكسنفابليز

هذا الكتاب ينتمي إلى:

تم النشر بواسطة (Diverse Dimensions) محدودة المسؤولية، الرسوم التوضيحية بواسطة فولكسنفابلز (FolksnFables)
(الفريق: نيثي جوزيف، جمانة نائب الرئيس، إندو شاجي)

979-8-98621-848-9

كارولين فارلو وأميليا فارلو

صندوق الرمل

قصة عن التشارك والاهتمام

الرسوم التوضيحية بواسطة فولكسنفابليز

الإهداء

هذا الكتاب مخصص لجميع الأطفال في العالم الذين يستحقون التمثيل

توفر سلسلة كتاب صندوق الرمل للأطفال فهماً متقدماً من المهارات الاجتماعية والوظيفية

لم تر ألبا أصدقائها منذ عام كامل.
سألت نفسها: "هل يجب أن أبقى في المنزل مع دمى الأطفال هذه، أم يجب أن أخرج وألعب مع أصدقائي؟

البقاء في المنزل جعل ألبا تشعر بالأمان،
ولكن عندما لعبت مع أصدقائها، حظيت
بالكثير من المرح. لكنها لم تعرف
ماذا تفعل.

نظرت ألبا من النافذة ورأت طفلاً صغيراً يلعب بمفرده. قال ألبا: "أنا حقاً أفتقد أصدقائي" تساءلت أين كان جميع أصدقائها

"أعلم أنهم على الشاطئ!"
ركضت ألبا إلى الخارج

كانت ألبا متحمسة جداً للقاء أصدقائها على الشاطئ

"أوه لا!" صاحت ألبا. "لقد نسيت منشفتي وعوامتي"

"يمكننا مساعدتك!"
صاح تاو

ثم قال: "لدي منشفتان".
"يمكنك استخدام إحداهما".
"ولدينا جميعاً عوامات إضافية!"
صاحوا جميعاً

"واو!
لقد غمرتني العوامات.
شكراً لكم
جميعاً!"
صاحت ألبا

صرخ جميع الأطفال، "وييي!"

حملت موجة ضخمة ألبا أثناء وجودها في المحيط.
أصدرت الموجة صوت وووووش بينما كانت تمضي.
صرخت ألبا: ” وااااااو الأصدقاء هم الأفضل!“

قال ويز:" دعونا نتسابق جميعاً إلى صندوق الرمل".
بدأت إيماني بالعد.
"واحد....اثنان...ثلاثة...انطلاق"

"أوه لا!"

سقط ويز على الأرض وبدا وكأنه تعرض للأذى

قال تاو.

صرخ أبول: "علينا أن نعود ونساعد ويز".

قالت إيلا: "ها أنت ذا، ويز".

"هل تشعر بتحسن؟"

قال ويز: "أشعر أنني بخير!

الأصدقاء هم الأفضل على الإطلاق".

قال إيماني: "لنقلها جميعاً"
صرخوا جميعاً: " الأصدقاء هم الأفضل ".

سمع الأطفال صوتاً عالياً قادماً من شاحنة يصيح: "مثلجات، مثلجات، تفضلوا وتذوقوا المثلجات".

قالت إيلا: "يا إلهي!
"ليس لدي أي مال لشراء المثلجات".

قالت إيماني: "لا تقلقي، إيلا .
سنتشارك جميعاً ونشتري لك المثلجات .
أليس كذلك يا أصدقاء"؟

صرخوا: "نعم !"

"هذه المثلجات لذيذة جداً!"
قالت إيلا.
"انظروا إلى كل هذه النكهات المتنوعة!
شكراً جزيلاً لكم جميعاً.
الأصدقاء!
هم الأفضل حقاً."

قالت ألبا: "هذا هو جاري الجديد.
اسمه تشاك.
يمكنه أن يكون صديقنا أيضاً

"مرحبه تشاك!
هل تريد أن تكون صديقنا أيضاً"؟
سألت ألبا.
أجاب تشاك: "بالتأكيد،"

صاح الجميع: "الأصدقاء هم الأفضل حقاً"

نبذة عن الكاتب

الكاتبة

كارولين فورلو (Carolyn Furlow) حاصلة على درجة الماجستير في الآداب، في مجال الكتابة الإبداعية، وبكالوريوس العلوم في الدراسات متعددة التخصصات، بالإضافة إلى تخصص ثانوي مزدوج في علم النفس والدراسات الأفرو أمريكية.

هي أم لثلاثة أطفال بالغين وجدة لحفيدة عزيزة تدعى إيماني. كمعلمة، واجهت بشكل مباشر أوجه العزلة لدى الطلاب الذين يشعرون بالانفصال عن الدروس ومواد القراءة في فصولهم الدراسية.

بروح من الحب والاحترام الكبير لجميع الأطفال، ابتكرت هي وابنتها أميليا فورلو سلسلة من القصص التي تخاطب جميع الأطفال وتمنحهم الشعور بالارتباط مع القصص التي يقرؤونها في الفصول الدراسية والمنزل.

العالم عبارة عن بوتقة ينصهر فيها الأطفال الجميلون في جميع أنحاء الكوكب ـ تعكس قصصنا وجودهم وتعزز قبول واحترام الخلافات ـ

نبذة عن الكاتب

الكاتبة
أميليا فورلو (Amelia Furlow) تعمل حالياً متدربة في مجال الزواج والعلاج الأسري وتتخصص بدراسات الصدمات.

حصلت على بكالوريوس الآداب في الدراسات الأفرو أمريكية من جامعة ولاية كاليفورنيا، لوس أنجلوس.

تفتخر بكونها عمة إيماني سمايلز.

كونها عمة لطفلة عمرها خمس سنوات، رأت أميليا الحاجة إلى سرد قصص أكثر تنوعاً في كتب الأطفال.

إحدى هواياتها المفضلة هي القراءة لابنة أختها.

تعاونت مع والدتها، كارولين فورلو، لإنشاء سلسلة من كتب الأطفال التي تسلط الضوء على أوجه التشابه وكذلك التميز للإنسان.

يسمح سرد القصص التي تحتفي بالتفرد والتشابه للأطفال بتبني ماهيتهم الحقيقية.

بعد أن نشأت في لوس أنجلوس وكاليفورنيا وتكساس وشاطئ تشيسابيك بولاية ماريلاند، اطلعت أميليا على قوة التنوع في سن مبكرة جداً.

يحتاج الأطفال اليوم، وأكثر من أي وقت مضى، إلى الشعور بالانتماء. هذه السلسلة لا تقدم الانتماء فحسب، بل تجلب البهجة لمن يقرأها!

"فتاة صغيرة تستمتع بقضاء وقت وحدها تدرك متعة وجود الأصدقاء بعد قضاء وقت جيد معهم. انضموا إلى الرحلة حيث يتعلم كل طفل في لحظة معينة كيفية الاعتماد على أصدقائهم. تذكير بأهمية تقدير أصدقائك وأن تكون صديقاً جيداً.

سلسلة كتب الأطفال لدينا تقدم طرقاً ممتعة للآباء والمعلمين وأفراد المجتمع لتعليم أطفالنا الصغار. تساعد منشوراتنا الأطفال في تطوير مهارات اجتماعية ووظيفية ستمكنهم من اكتساب الاعتماد على النفس وبناء علاقات اجتماعية إيجابية والأداء بأفضل طريقة في جميع جوانب الحياة. التعلم العاطفي الاجتماعي يوفر العديد من المزايا لتطوير الأطفال العاطفي وهم ينموون إلى أشبال بالغين